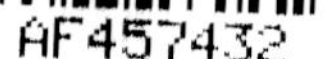

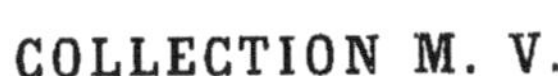

COLLECTION M. V.

EX-LIBRIS FRANÇAIS

DES

XVIIe ET XVIIIe SIÈCLES

Vente : Salles Silvestre

le 17 Novembre

1906

PARIS
ÉM. PAUL ET FILS ET GUILLEMIN
LIBRAIRES DE LA BIBLIOTHÈQUE NATIONALE
28, RUE DES BONS-ENFANTS, 28

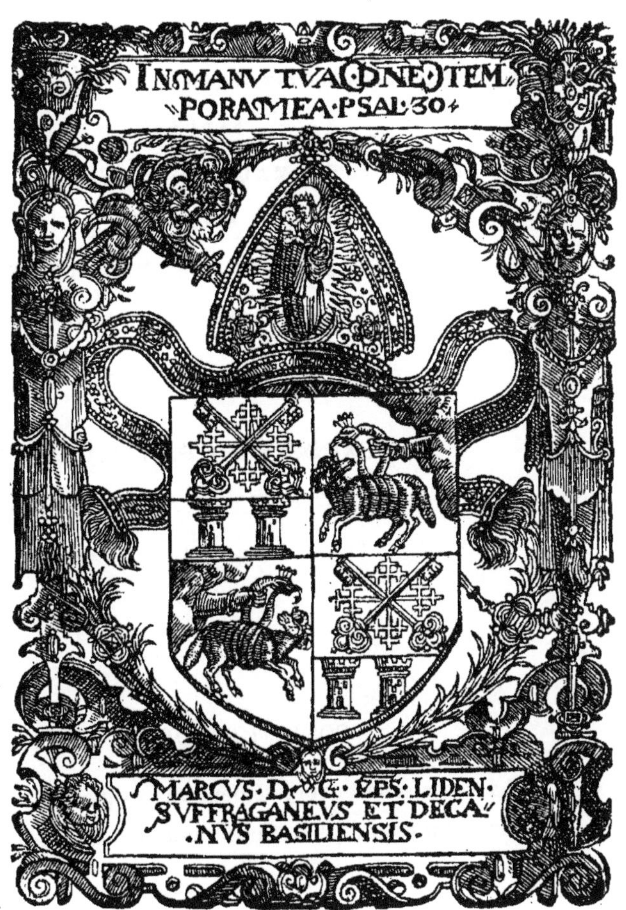

Nº 95 du Catalogue.

LA VENTE AURA LIEU

Le Samedi 17 Novembre 1906, à 2 h. précises du soir

Dans les Salles de Ventes aux Enchères

DE LA LIBRAIRIE ÉM. PAUL ET FILS ET GUILLEMIN

28, Rue des Bons-Enfants, 28 (Anciennes Maisons Silvestre et Labitte)

SALLE N° 1

Par le ministère de Me **MAURICE DELESTRE**, Commissaire-Priseur

5, RUE SAINT-GEORGES, 5

Assisté de **MM. ÉM. PAUL ET FILS ET GUILLEMIN**, Libraires-Experts

28, RUE DES BONS-ENFANTS, 28

EXPOSITION PARTICULIÈRE

Les Jeudi 15 et Vendredi 16 Novembre 1906

28, RUE DES BONS-ENFANTS, 28

De 3 heures à 5 heures

CONDITIONS DE LA VENTE

La vente se fait expressément au comptant.

Les acquéreurs paieront 10 pour cent en sus des enchères.

Les Experts chargés de la vente rempliront, aux conditions d'usage, les commissions des personnes qui ne pourraient y assister.

COLLECTION M. V.

EX-LIBRIS FRANÇAIS

DES XVIIe ET XVIIIe SIÈCLES

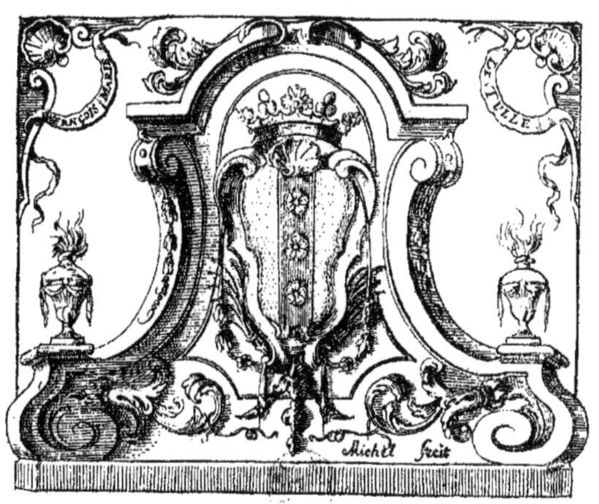

N° 232 du Catalogue.

PARIS
EM. PAUL ET FILS ET GUILLEMIN
Libraires de la Bibliothèque Nationale
28, RUE DES BONS-ENFANTS, 28

1906

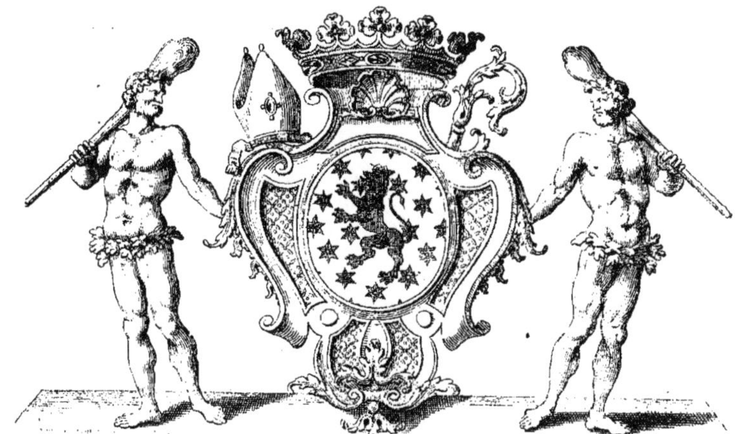

N° 73 du Catalogue.

EX-LIBRIS

Le classement adopté par le possesseur de cette collection a été scrupuleusement conservé pour permettre de la présenter telle qu'elle se trouvait dans ses cartons.

XVIIe SIÈCLE

1. **Anonyme.** (*D'azur au chevron d'argent accompagné en chef de deux roses et en pointe d'une cigogne, ou grue*).

2. **Anonyme.** (*D'azur au chevron d'argent accompagné de 3 roses de... et surmonté d'une fasce d'argent chargée de 3 étoiles de...*); **in-4.**

3. **Anonyme** (*D'or à 2 pattes de lion de sable, au chef d'azur chargé d'un croissant d'argent accosté de 2 étoiles d'or*) ; in-4.

4. **Anonyme**. (*D'or, à une tour de sable, au chef d'azur chargé de 3 étoiles d'or*).

Belle épreuve à toutes marges.

5. **Anonyme**. (*Coupé : au 1, de gueules à une croisette d'or accostée de 2 roses de... ; au 2, d'azur à un croissant d'argent surmonté de 2 coquilles d'or*, avec la devise : *Non in stemmate sed in cruce*).

6. **Charreton**.

Superbe épreuve à toutes marges accompagnée d'un joli portrait de Louis Charreton, conseiller du Roy, gravé par *Moncornet*.

7. (**Du Refuge**), gr. par *C. Bérain*. — Anonyme (gr. par le même). — Ensemble 2 pièces.

8. **La Haye de St-Magloire** (J.-B. de).

9. (**La Perelle**). — (Le Chancelier Séguier) ; in-4. — Ensemble 2 pièces.

La seconde pièce est gravée au verso d'un titre.

10. (**Ménardeau**).

Epreuve accompagnée d'un joli portrait de Gratian Ménardeau, conseiller du Roy, gravé par *Moncornet*.

11. (**Quincy de Malmont**) ; in-4.

12. (**Renialme**, dit de **Cordes**), en Belgique ; in-4 oblong.

Très belle pièce.

13. **Saphoux** (Barthélemy) ; in-8.

XVIIIe SIÈCLE

DIVERS

14. **Anonyme**. (Vénus appuyée contre un médaillon renfermant un chiffre composé des lettres *C. C. E.* Ce médaillon posé sur un autel est soutenu de l'autre côté par l'Amour) ; in-8.

Charmante pièce dans le goût de *Gravelot*. — Très légère restauration à l'un des angles du cadre.

15. **Cougniou de Marville** (M.-H. de), par *Huquier fils*.

16. (**Galard de Béarn**).

Rare.

17. **Gauthier-Stirum** (P.-J.), par *lui-même,* en 1819.
Jolie pièce, finement gravée, avec paysage et personnages.

18. **Gueullette** (Thomas), par *H. Bécat*; in-8.
On a ajouté l'étiquette typographiée du même personnage.

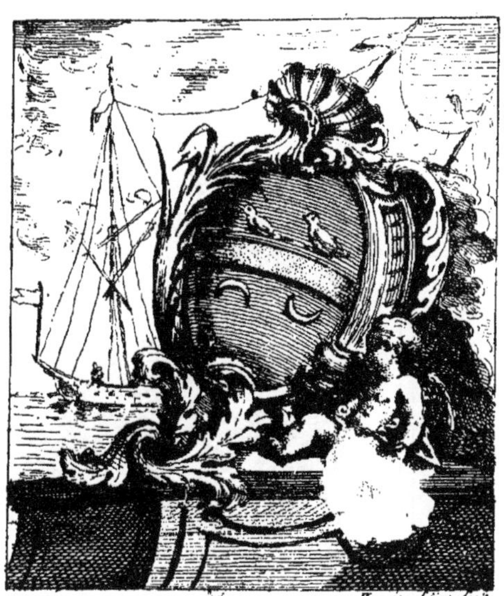

Ex Libris Mlle H. de Cougniou de Mairville.

No 15 du Catalogue.

19. **Huquier** (J.-G.), par *lui-même* ; in-8.
Rare.

20. **Jaume** (Fr.-Th.) ; in-8.
Joli cartouche entouré de fleurs et surmonté de 2 colombes. Très rare.

21. **Lambert de Villejust,** par *Brenet*; in-8.
Belle pièce.

22. **Le Boiteulx** (Charles). — Jean-Baptiste Le Boiteulx ; 2 pièces différentes. — Ensemble 3 pièces.

23. **Loir** (Fr.-N.-Lud.).

Jolie pièce ; rare.

24. **Louis le fils**. — 2 états différents dont un en *contre-partie.*

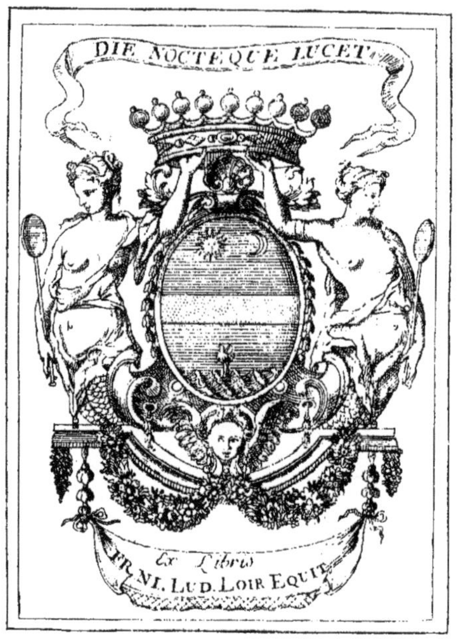

N° 23 du Catalogue.

25. **Saint-Aubin** (G. de), avec sa *signature autographe.* — (Saint-Aubin), pièce à l'abeille avec la devise : *Legendo.* — Ensemble 2 pièces.

26. **Souchay**, à Lyon, gr. par *Choffard,* d'après *Monnet,* en 1776 ; in-8.

Belle pièce ; rare.

27. **Amyot** (G.-F.). — de Chambon. — A.-J.-L. Charpentier. — Ensemble 3 pièces.

28. **Arthenay** (D. d'). — Ant. Cormont. — (de l'Etang). — de Gréen de St-Marsault. — Fr. Hémart. — (Samson). — Ensemble 6 pièces.

29. **Autray** (François), 1736. — Hélie Dangerville. — Jean Malarmé. — de Maleissye. — E. Monin l'aîné. — Reinery. — Sellon d'Alaman (à Genève). — Ensemble 7 pièces.

30. **Barbe** (Louis). — Cotelle de Grandmaison ; in-8. — D.-C. de Maleissye. — de Saint-Pol. — de Villiers. — Ensemble 5 pièces.

31. (**Bauffremont**). — (Bernard de la Vernette). — (Klinglin). — (de La Loge du Bassin). — (L'abbé de Ronchaux). — (Prat de Lamartine). — (Collège de Sainte-Barbe). — Deux Anonymes. — Ensemble 9 pièces tirées sur des fers à dorer.

32. **Berger-Dumesnil**. — Bourdon ; 1766. — (Du Perrier de Larsan). — Gabriel de Glatigny. — Richard, par *Belloty*. — J. Vallat, par *Ramel*. — Ensemble 6 pièces.

33. **Besnier** (Pierre-Ambroise), gr. par *Thomassin*. — P. Garnot. — Ensemble 2 pièces.

34. **Boula de Paris** (en Dauphiné). — Téod. Pagez. — Edmond Martin, par *Stallin fils*. — Ensemble 3 pièces.

35. **Chaussat** (Jean-Fr.). — (Espivent de Villeboisnet). — Defay ; gr. par *F. P. Jolin*, en 1783. — Giraudet. — Leguay. — Ringuier. — de Sauzet (étiquette). — Ensemble 7 pièces.

36. **Dauley**. — J.-B. Moreau (ex-libris au lit). — Ensemble 2 pièces.

37. (**Gaignon de Vilaines**). — (Toullet de Maison). — Ensemble 2 pièces gravées par *Tardieu* d'après *L. du V.* (*Louise du Vivier*).

38. **Jacquinet** (Pierre) : 2 états, dont un au pochoir. — France : 2 variantes, dont une anonyme. — Maurisset. — Deux Anonymes; dont un par *Dieu*, l'autre par *C****, 1770. — Ensemble 7 pièces.

39. (**Lequien de la Neufville**) ; in-8 en largeur. — de Monthiers (épreuve restaurée). — Jean-Etienne Montmea. — Ensemble 3 pièces.

40. **Le Sage** (N.-F.-B.). — Le Sieur. — Deux Anonymes, dont un par *Le Sueur*. — Ensemble 4 pièces.

41. **Pasquier de Wardanché**, prêtre : in-8. — John DUPRÉ. — C. L'EPINASSE. — Ensemble 3 pièces.

42. **Tourmont** (Henry-Pierre de). — André VIOLET. — (Fr. de VITRY). — Six Anonymes. — Ensemble 9 pièces.

43. **Anonymes**. — 8 pièces.

44. **Anonymes**. — 10 pièces.

45. **Anonymes**. — 10 pièces.

RÉVOLUTION

46. **Bordeaux** (Musée de), par *Pallière* ; in-8.

47. **Foissey** (Alexis), à Dunkerque, gr. par *Thérèse Brochery*. — 3 variantes, dont une avec la couronne remplacée par le niveau maçonnique.

48. **Jourdan**, chef de bataillon, aide-de-camp. — LE SUEUR, peintre, 1807. — Ensemble 2 pièces.

49. **Lambel**.

J.-M. Lambel fut député de la sénéchaussée de Villefranche de Rouergue aux Etats Généraux de 1789.

50. **Langlois**, citoyen de Lutèce. — ECOLE CENTRALE, département du Gers. — Ensemble 2 pièces,

AVOCATS, CONSEILLERS DU ROI, ETC.

51. **Barraly** (de). — Pierre-Ambroise BESNIER, gr. par *Thomassin*. — Ensemble 2 pièces.

52. **Brochant**. — BROCHANT DU BREUIL, gr. par *Mathey*. — CARPENTIER. — DELONG. — HERVÉ. — Lud.-Dom. VINCENT. — Ensemble 6 pièces.

53. **Fossier de Lestart** (le Président). — J.-B.-Jos. PARENT ; in-8. — Ensemble 2 pièces

54. **Julien** (Me) ; petit in-4. — (André de HARROUIS). — Ensemble 2 pièces.

DAMES

55. **Alleray** (Madame d') ; gr. par *Louise Le Daulceur*, d'après *Durand*.

56. **Anonyme**, accolé de MASSOL ; in-8.
Jolie pièce.

57. **Broglie** (Madame la Maréchale, duchesse de).
Rare.

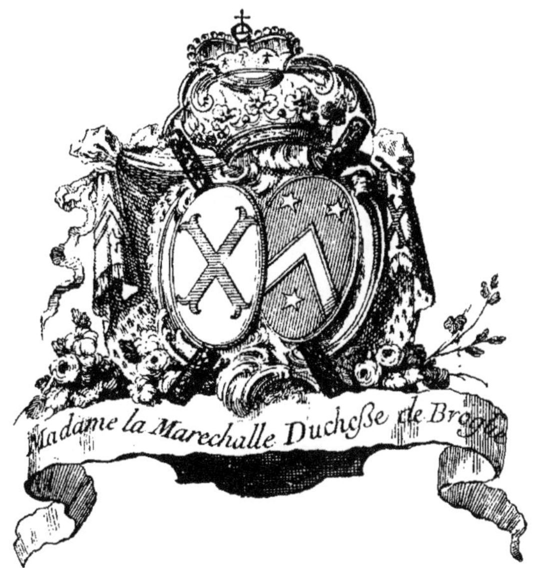

N° 57 du Catalogue.

58. **Du Bois de la Motte** (Mme la comtesse).
Très jolie pièce. — Rare.

59. (**Fitz-James**) (duchesse de), née Sylvie de Thiard de Bissy. — Mme de VINTIMILLE. — Ensemble 2 pièces.

60. (**Fuligny-Damas**) (Marie-Gabrielle de), comtesse de ROCHECHOUART, née Pons de Rennepont, gr. par *Cl. Roy* ; pet. in-4.
Belle épreuve à toutes marges.

61. **Guenet-Delouye** (Mme l'abbesse L.-E.).

62. **Langeac** (Christine-Charlotte-Antoinette-Félicité de Lénoncourt, marquise de), gr. par *d'Orvasy*, à Nancy.

Très rare. — Petit raccommodage.

63. **Néelle** (la Marquise de Mailly de Nesle), née de Hautefort ; in-8. — Mme de Hautefort de Béringhen. — Ensemble 2 pièces.

64. (**Rohan-Soubise**) (Victoire-Armande-Josèphe de), princesse de Guéménée, (gr. par *Germain* ?) ; pet. in-8.

Très belle pièce.

65. **Victoire de France** (Madame), gr. par *C. Baron*.

66. (**Albert d'Ailly**) (duchesse d'), née Bonnier de la Mosson. — (Lancry, marquise de Pronleroy). — Mr et Mme de Tordreau, par *Danchin*, à Cambrai. — Lady Mary Howe. — Anonyme. — Ensemble 5 pièces.

67. (**Claret de Fleurieu**), née d'Arcambal. — Marie-Louise de Clermont-Tonnerre. — Duchesse de Courlande. — Ginestous de Villars. — Mme de La Ruelle. — Mme de Montcavrel. — Comtesse d'Ossun. — (Miss Pulteney de Bath). — Roullier. — Mme Trubert. — Comtesse de Warwick. — Ensemble 11 pièces, dont trois étiquettes.

68. (**Jubert de Bouville**). — Comtesse de Langeac ; 1754. — Mme de Hautefort de Béringhen. — Ensemble 3 pièces.

ECCLÉSIASTIQUES

69. **Anonyme**. (*Fascé d'azur et d'argent, les fasces d'azur chargées chacune de 5 sautoirs d'argent*) ; pet. in-4.

70. **Anonyme**. (La Vierge et l'Enfant Jésus sur un croissant), l'écu soutenu par quatre petits anges ; gr. par *A. Oudoux, cap. a Ponc. Nov.* ; in-4.

Ex-libris de la bibliothèque d'un chapitre ?

71. (**Bignon**, abbé de Saint-Quentin-en-l'Isle). — L'abbé de Bourdeille. — Ensemble 2 pièces.

72. **Cambon** (François-Tristan de), évêque de Mirepoix, gr. par *J. Mercadier* ; in-folio.

Superbe pièce.

73. **Cosnac** (Daniel-Joseph de), archevêque d'Aix; in-4 en largeur.
Très belle et très rare pièce.

74. **La Montaigne** (Léonard de), prieur de Coutras ; in-8.
Très jolie pièce.

75. **Aumont**. — Du Cluseau de Chabreuil. — (La Rochefoucauld). — J.-B. Morin, gr. par *Roy*. — Pierre Samin. — Anonyme. — Ensemble 6 pièces.

76. **Baillard du Pinet** ; 1759. — Joseph Barré ; 1757. — Pierre-Louis Gautier. — Pierre Gay, 1746 ; in-8. — Ensemble 4 pièces.

77. **Bourzac** (l'abbé de). — La Cropte de Bourzac, évêque de Noyon. — Collombat. — Jean-Fr. Jannart. — Jean de Montmeau. — Taisand. — Ensemble 6 pièces.

78. (**Coral**) (Jacob). — L'abbé Desmarestz, gr. par *Chevalier*. — M.-R. Doucet. — J.-B.-Alex. Savary ; 1756. — Ensemble 4 pièces.

79. **Fages** (**de Chasaux**). — J.-B. Gossin. — (d'Herbier). — (César Le Blanc). — (Lequien de la Neufville). — Séminaire de Luçon. — Congrégation de Notre-Dame. — (Jos. de Pidoll). — Séminaire de Poitiers. — (Rochechouart). — Le Coadjuteur de Tours. — Fabio de Vecchi. — Deux Anonymes. — Ensemble 14 pièces, dont deux étiquettes.

MÉDECINS

80. **Arnaud**, docteur-médecin à Montpellier ; gr. par *Du Palluët*. — Bertram, pharmacien à Nîmes. — Coquereau ; 2 variantes. — Ensemble 4 pièces.

81. (**Delaroche** ?). — Gastaldy, par *Veyrier*, 1752. — Geerts. — Rapou. — Requin. — Trois étiquettes. — Ensemble 8 pièces.

82. **Ernon**, médecin du comte d'Artois. — Louis-Jean Le Thieullier. — Ensemble 2 pièces.

MILITAIRES

83. **Balleroy** (le marquis de).
Capitaine au régiment d'Orléans-Cavalerie.

84. **Cailly** (de), commissaire des Guerres. — 2 pièces différentes.

85. **Ferrand de Fontorte**, ancien officier de cavalerie. — HEZELIN, ancien capitaine d'infanterie (étiquette). — Ensemble 2 pièces.

86. **La Coste** (le chevalier Frevol de). — 2 pièces différentes.
Capitaine au régiment de Champagne ; 1776.

87. **Waldner de Freundstein** (le comte de).
Lieutenant-général des armées du Roy, colonel d'un régiment Suisse.

88. (**Achard de Bonvouloir**). — LA CROIX D'HOZIER. — Taparel de LAGNASC. — (Le Royer de) LA SAUVAGÈRE. — de MARTIGNAN. — Ensemble 5 pièces, dont une étiquette.

89. **Cerfberr** (Théodore). — d'ESTOUTEVILLE, (par *Aloja*); in-8. — GABALDA. — LE FÉRON DE L'HERMITE, par *Tardiveau et Le Féron*, à Redon, 1767. — Ensemble 4 pièces.

90. (**Cromot de Vassy**). — Cabinet littéraire de l'ECOLE POLYTECHNIQUE. — de JOINVILLE. — LA CROIX D'HOZIER. — PICAUDEAU DE RIVIERRE. — ROUSSEAU. — (VENTO DE PENNES). — Ensemble 7 pièces, dont deux étiquettes.

91. **La Briffe de Préaux**. — Le commandeur de LIGNY. — PALMES D'ESPAING, par *Helman*. — Ensemble 3 pièces.

ALSACE

92. **Boecler** (Joh.-Frid.). — Joh. BOECLER, gr. par *Weis*. — Phil.-Henri BOECLER, gr. par *Striedbeck*. — Ensemble 3 pièces.

93. **Jeanjean** (Antoine), recteur de l'Université de Strasbourg — 2 variantes in-16 et in-8.

94. (**Klinglin**) (Christophe de). — 2 variantes, dont une in-4 par *J. Striedbeck*.

95. (**Tettinger**) (Marc), chanoine de Bâle, évêque de Lida ; in-8, gr. sur bois. (*XVIe siècle.*)

96. **Andrée** (André).— Pet. ANTH. — Nic.-Frid. BOEHM (restaurations). — de FERIET. — HEMMET. — KAEUFFER. — Edouard KOECHLIN. — de PARSEVAL. — Josué RISLER. — Six étiquettes. — Ensemble 15 pièces.

97. **Feriet** (de). — (FROHBERG-MONTJOIE, lieutenant au régiment d'Alsace, par *J. Striedbeck*. — Louis HELMLIN (de Lucerne), (*XVIIe siècle*). — NÉEF. — Ensemble 4 pièces.

98. **Louis** (Fr.-Phil.), chanoine à Haslach, par *Brichet.* — (de Rosen), état avant la signature de *J. Striedbeck.* — (Noblat, à Colmar), XVIIe siècle. — Ensemble 3 pièces.

ANJOU, MAINE, BERRY

99. **Aubigné** (le chevalier d').

100. (**Constantin de la Lorie**). — 2 variantes.

101. (**Croix**) (de la). — Duvergier. — (Guiot de Doignon). — Ensemble 3 pièces.

102. **Aubigné** (le chevalier d'). — (Voyer de Paulmy, marquis d'Argenson). — 2 pièces.

103. (**Bengy de Puyvallée**). — Camus de Pontcarré. — Marquis de Juigné. — Mgr. de Pidoll. — de Robethon. — Anonyme. — Ensemble 6 pièces.

ARTOIS, FLANDRE, PICARDIE

104 **Anonyme.** (*D'azur, au pélican d'argent dans son aire*), par (*Thérèse*) *Brochery.*

105. **Bombelles** (le baron de), par *Merché,* 1767.

Epreuve tirée en sanguine.

106. (**Borght**) (van der), gr. par *G. du Pree.* — Le baron de Wal, vicomte d'Anthines ; in-8. — Ensemble 2 pièces.

107. **Cotteau** (Louis), chanoine de l'église de Cambrai, par *Danchin,* à Cambrai.

108. **Foissey** (Alexis), à Dunkerque, gr. par *Thérèse Brochery.* — 3 variantes, dont une avec la couronne remplacée par le niveau maçonnique.

109. (**Genimy de Molay**). — 2 variantes.

110. **Henrion** (Camille-Henri), gr. par *Cl. Roy.* — 3 variantes.

111. **Lannoy** (de); 2 variantes (*XVIIe siècle*). — Lannoy de Clervaux. — Ensemble 3 pièces.

112. **Palisot** (Jean-François). — 2 variantes (in-12, en noir et in-8, en bleu).

113. **(Théry) de Gricourt** (l'abbé), gr. par *A. T. à Cys.* (*A. Théry à Cysoing*), en 1750.
Charmante pièce. — Très rare.

114. **Tordreau** (Mr et Mme de), par *Danchin*, à Cambrai. — Anonyme (gr. par *Merché*). — Ensemble 2 pièces.

115. **(Trudaine de Montigny)**, gr. par *Berthault*, d'après *Le Sage*.

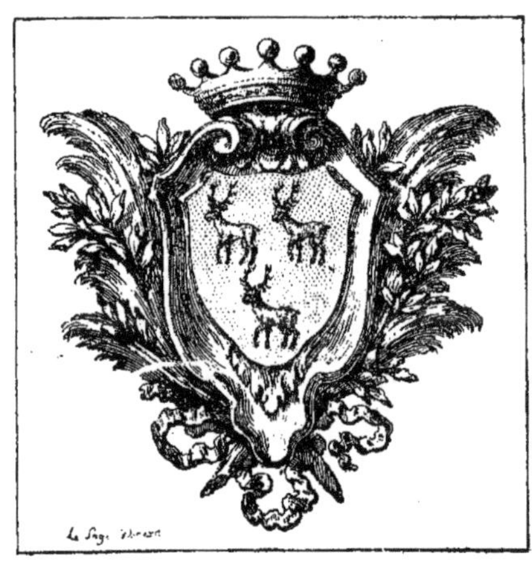

N° 115 du Catalogue.

116. **(Arenth)**. — (Bignon). — L'abbé Fauvel; 2 variantes. — Mareschal. — Van Lathem; 2 pièces, dont une maçonnique. — Familles émigrées de Visme et Auriol; 3 pièces. — Ensemble 10 pièces.

117. **Asselin**. — Boucher de Perthes. — Gillaboz; 2 pièces différentes, dont une in-8 attribuée à *Danchin*. — (Cerf de Honschote), gr. in-8. — Ensemble 5 pièces.

118. **Barbier**. — (Berthier de Sauvigny). — Benjamin de Boulongne. — de Fauconpret de Thulus, gr. par *Helman* (épreuve en bleu). — Sanson. — (Seroux) d'Agincourt, par *lui-même*. — Ensemble 6 pièces.

119. **Bernaert**. — Bezin. — Crispin fils. — Destouches. — Farez. — La Bordère. — Minart. — Pingré. — Rigollot. — Taverne de Niepe. — Etc. — Ensemble 18 étiquettes.

120. (**Bernard de Cizancourt**). — (SCHERER DE SCHERBOURG ?) ; in-8. — Nic. TAVERNE ; 2 variantes. — Ensemble 4 pièces.

121. **Bertin**. — CASTELLAIN. — (COPPIETERS DE WALLANT). — HERVÉ. — MACQUART-DETERLINE, par *Merché*. — De MASUR ; 2 variantes. — Ensemble 7 pièces, par, ou d'après *Merché*, graveur lillois.

122. **Bieswal** (Benoît), par *Vacheron*. — François de BOURNONVILLE. — (CORDES DE WAUDRIPONT). — DURIEUX DE BEAUREPÈRE. — (de LA MARCK). — Anonyme. — Ensemble 6 pièces.

123. **Bruneau de Vassignies**. — CAULIER DE MINGOVAL (tiré en bleu). — Ch.-Jos. CONSTAN. — de LISLEMONT (tiré en sanguine). — (SAINT-SIMON). — Anonyme (tiré en bleu). — Ensemble 6 pièces.

124. **Cahuac**. — DEPRÉS. — J. DUCASSE ; 2 variantes. — SAINT-HILAIRE DE GRUYNINGHE, par *Heylbrouck*. — B. THIERY, par *Brochery*. — Ensemble 6 pièces.

125. (**Dixmude de Quercamps**). — (LE JOSNE DE CONTOY), par *Nonot*. — VAN HOVE. — (VARAIGNE DE GARDOUCHE), par *Nonot*. — (VENANT D'IVERGNY), par *Nonot*. — WAUCQUIER. — Ensemble 6 pièces.

AUVERGNE, LIMOUSIN

126. **Bouy** (le marquis Du), gr. par *Roy*.
Très belle pièce.

127. **Cambefort** (Salvien de) ; in-8.

128. **Carbonnières** (le vicomte de), par *Danchin*. — Le comte Eugène de CARBONNIÈRES. — Le marquis de C RBONNIÈRES. — Ensemble 3 pièces, dont deux modernes.

129. (**Froment de Champlagarde**). — 2 pièces différentes, dont une gr. par *P.-C.-J.* en 1785.

130. **Gilibert de Merlhiac** ; épreuve tirée en bleu. — de VOYON. — Ensemble 2 pièces.

131. **Chabroud** (Charles). — (FAYDIT). — MADUR. — TAILHAND ; 2 variantes. — VIMAL-LAJARRIGE ; 2 variantes. — Ensemble 7 étiquettes, dont quatre de la période révolutionnaire.

BOURGOGNE

132. (**Bochard de Saron**) ; (*XVII*[e] *siècle*).

133. (**Bouton de Chamilly**) ; in-4 en largeur.
Petite restauration.

134. **Gémeau** (Nicolas-François) ; in-8.
Epreuve d'artiste, non terminée et *avant toute lettre*, le texte écrit au crayon par l'artiste (*Duplessis* ?)

135. (**Le Tellier de Courtanvaux**), gr. par *L. Thévenard fils*.
Jolie pièce. — Rare.

136. **Nardot** (D.), par *Durand*.
Jolie pièce ; le nom du graveur est légèrement atteint.

137. **Regnard de la Roncière**. — Claude THIBAULT, gr. par *Monnier*. — Ensemble 2 pièces.

138. Projet d'ex-libris. — *Dessin original* à la plume de *Louis-Gabriel Monnier*, de Dijon.
Mercure et Cérès appuyés sur un cartouche surmonté d'un buste de Minerve.

139. **Bacon-Tacon**. — (BOSSUET, évêque de Troyes). — (DROUAS, évêque de Toul). — DU CREST DE VILLENEUVE ; 3 variantes. — M.-M. GAUTHIER. — (LE TELLIER DE COURTANVAUX). — NIEPCE-DEVILLE. — PÉRILLE. — Louis de POILLY ; 2 variantes. — Comte de VILLEFRANCHE. — Ensemble 13 pièces, dont trois étiquettes.

140. **Bonnay** (de). — J.-P. JOLY. — VAIVOLET. — Anonyme, attribué à *Durand*. — Ensemble 4 pièces.

141. **Bullier**. — GUILLOD (restauration). — GUYTON. — de LA BARRE. — LEMULIER. — Robert ROGER. — Ensemble 6 pièces, toutes du même dessin et sans doute du même graveur.

142. (**Clopin**, à Dijon); épreuve remmargée. — (LE GENDRE DE SAINT-AUBIN), gr. par *P. Giffart*. — LEMULIER, gr. par *Durand*. — ROCHE, gr. par *Durand*. — Ensemble 4 pièces.

143. **Clugny** (J.-Et.-Bern. de). — (COCHET DE SAINT-VALLIER). — COTHENOT DE MAILLY. — LEMULIER, gr. par *Durand*. — (BRUNET-D'EVRY). — Ensemble 5 pièces.

144. (**Cochet de Saint-Vallier**). — (DU VAL SAINT-GEORGES), gr. par (*Monnier*). — LE BOUTHILLIER DE VILLESAVIN. — Ensemble 3 pièces.

145. **Gauthier** (M.-M.). — (Le Tellier de Courtanvaux). — R.-M.-Jos. Morand. — Moreau de Coeffy. — (Richard de Ruffey). — Ensemble 5 pièces.

BRETAGNE

146. **Buret**; par *Ollivault*, à Rennes.

Jolie pièce.

147. **Chateaugiron** (J.-M. Le Prestre de); un prêtre lisant dans sa bibliothèque. — Deux blasons in-8 en largeur, aux armes de France et de Bretagne, gr. par *de Chasteaugiron*. — Ensemble 3 pièces.

148. **Keralio** (de); in-8.

Louis-Félix Guinement de Keralio, major d'infanterie, chevalier de Saint-Louis, professeur à l'Ecole militaire.

149. **Le Goff**.

Curieuse et charmante composition.

150. (**Caze de la Bove**); 2 variantes. — Hyp. de Janzé, — E. Jouin. — Picot. — Ensemble 5 pièces.

151. (**Fouquet de Belle-Isle**); 2 variantes. — Goret de Grand-rivière; in-8. — Le Féron de l'Hermite, par *Tardiveau* et *Le Féron*, à Redon, 1767; in-8. — Ensemble 4 pièces.

CHAMPAGNE

152. **Dueil**, officier du Roy (intérieur). — Halotel, avocat du Roy à St Dizier. — Ensemble 2 pièces en largeur.

153. **Frizon de Blamont** (Nicolas-Remy), par *J. Le Roux*, le 14 août 1704; in-4.

154. **Lelarge**, officier au Grenier à sel de Reims. — (Th.-Edme) Mionnet. — Ensemble 2 pièces gr. par *Lorthior*.

On a ajouté l'étiquette de J.-P. Monnereau.

155. **Reims** (Bibliothèque du Chapitre de), par *Collin*. — 4 variantes, in-18, in-16, in-12 et in-8.

156. (**Baudôt de Ville**). — Jean-Louis Carbon. — (Clignet). — (Fremyn, chanoine de Reims). — Fremyn de l'Etang. — Ensemble 5 pièces.

157. (**Bruce**). — J.-F. Charles. — Des Casaux (accolé de Briquemault). — (Hennequin). — Ensemble 4 pièces.

158. (**Favart de Richebourg**). — J.-B. L'Ecuy; 3 variantes. — Jacques Perard; 1735. — Ensemble 5 pièces.

159. **Huvier du Mée**. — (Marquet de Montbreton). — (De Trois Vallées) ; 2 variantes. — Ensemble 4 pièces.

DAUPHINÉ

160. **Perrinet** (Joseph). — Madame de Sautereau. — Ensemble 2 pièces.

161. (**Pourroy de l'Auberivière**, comte de Quinsonas). — 3 variantes dont une petite in-4.

162. **Bagne**. —Barry. — Blanc. — Bonniot. — Grasson. — Lenoir de la Roche. — Nicolas. — Périer. — Tourvieille. — Trembley. — Etc. — Ensemble 12 étiquettes.

163. **Fages** (de), par *Pequet*. — Guignard de Saint-Priest. — Jubié, par *Chinon*. — (Ponnat). — Ensemble 4 pièces.

FRANCHE-COMTÉ

164. **Besançon** (Chapitre métropolitain de), gr. sur bois (*XVIIe siècle*). — Frontispice aux armes de Ant. Pierre des Granges de Grammont, archevêque de Besançon ; in-8. — Ensemble 2 pièces.

165. **Bousson** (Jean-Fr.), chanoine à Salins (Jura), par *Micaud*. — Société libre d'Agriculture du département du Doubs (pièce de la période révolutionnaire). — Ensemble 2 pièces.

166. **Anthoine** (J.-B. d'), gr. par (*Bouchy*). — Fallot (Frédéric), XVIIe siècle. — Rouget, avocat à Lons-le-Saulnier (étiquette). — Ensemble 3 pièces.

167. (**Baulard d'Angirey**); 2 variantes. — (Bourgeois) de Boynes. — Marquis de Conzié. — D'Hyenville, gr. par *Viotte*; 2 états (en bleu et en sanguine). — Ensemble 6 pièces.

168. **Camus de Filain**, gr. par *Bouchy*, à Besançon, en 1732. — (Montfauconnet). — Rouget (étiquette). — Ensemble 3 pièces.

LANGUEDOC

169. (**Baylens de Poyanne**), par *J. Tubert.* — ANONYME. — Ensemble 2 pièces in-4.

170. (**Cahusac**), gr. par *Jeanjean.*

171. **Du Caylard de Bermond** d'Espondeilhan, gr. par *Allin.* — TOLOMAS DE COPPOLA. — Ensemble 2 pièces.

172. **Audoy** (Pierre). — BOISSY D'ANGLAS (pièce restaurée). — (GINESTOUS DE MONTDARDIER). — ANONYME in-4. — Ensemble 4 pièces.

173. **Bestion** (Pierre-Th.), gr. par *Jeanjean.* — Ch.-Luc de GAVOIS, prieur de St-Hilaire (à Carcassonne). — de VILLEMUR. — Ensemble 3 pièces.

174. (**Foulon**) (de). — (FURGOLE). — (de LA BROUSSE). — Jean-Gratien LAUSSAT, par *Baour.* — Ensemble 4 pièces.

175. (**Furgole**). — (Del PUECH DE COMEIRAS). — RIVALZ DE GINCLA, par *Baumès.* — Ensemble 3 pièces.

176. **Lachapelle.** — André OLLIVIER, gr. par *Chalmandrier*; 2 épreuves dont une *avant la signature du graveur.* — TOLOMAS DE COPPOLA. — Ensemble 4 pièces.

LORRAINE

177. **Bercheny** (le maréchal, comte de); in-8, gr. sur bois. — 2 variantes.

Les hussards de Bercheny étaient casernés à Commercy.

178. **Contencin**, avocat à la cour; attribué à *Collin.*

Charmante composition. — Très rare.

179. (**Des Salles**, marquis de Bulgnéville), par *Nicole*, à Nancy; in-8.

180. **Dumars de Vaudoncourt** (Ch.-Fr.). — 2 pièces différentes, l'une gr. par *Lancon*, l'autre par *Nicole*, en 1753.

181. **Du Mesnil**, attribué à *Collin.* — THOUVENIN, procureur au Bailliage de Lixheim, gr. par *Collin*, à Nancy, en 1769. — Ensemble 2 pièces.

182. **Grangier** (Guillaume), gr. par *J. Valdor*, à Nancy; in-8 (*XVIIe siècle*).

Pièce de la plus grande rareté en ancien tirage. — On a ajouté une épreuve de la reproduction.

183. (**Massu de Fleury**) (l'abbé Léopold), par *A. Houat l'aîné*; in-4.

184. **Mengin**, lieutenant-général du Bailliage de Nancy, par *Collin*.

Charmante pièce.

185. **Metz** (Collège Royal de Saint-Louis à), gr. sur bois par *Papillon*; in-8 en largeur.

186. **Pont-à-Mousson** (Bibliothèque de Sainte-Marie Majeure à); gr. par *Nicole*, à Nancy, en 1751 ; in-8.

Rare. — Belle épreuve à toutes marges.

187. **Thibault**, conseiller d'Etat, gr. par *Collin*, à Nancy, en 1756.

Charmante pièce.

188. **Willemet** (R.), maître apothicaire à Nancy, gr. par *Collin*. — Soyer-Willemet, pharmacien à Nancy, fils du précédent. — Ensemble 2 pièces.

189. **Antoine**. — Colson. — Nicolas Dorizy. — Ant. de La Falloize, gr. par *Jeanne Bourcier*, à Bar-le-Duc, en 1760 — (Plumery de Widranges). — Ensemble 5 pièces.

190. **Bermond du Caylard**, gr. par *Allin*. — de Lallemant de Liocourt, gr. par *d. M.* en 1775. — de Mory d'Elvange. — Soyer-Willemet, (d'après *Collin*). — Anonyme. — Ensemble 5 pièces.

191. **Blouet de Camilly**. — (Léop.-Ch. de Choiseul, archevêque de Cambrai); 2 variantes. — (Doyen). — (Drouas de Boussey). — Duval. — (de Gaucourt). — C. D. L., gr. par *Zaphou aph* (pseudonyme du vicomte de Curel). — Ensemble 8 pièces, dont six gr. sur bois.

192. **Harmand de Montgarny**, gr. par *Delille*, à Verdun. — C.-J. Salle, de Mirecourt (étiquette). — Thiballier, chanoine de Ste Marie-Madeleine à Verdun. — Ensemble 3 pièces.

LYONNAIS, FOREZ

193. **Bonafous** (Mathieu), de Lyon, gr. par *J. Stagnon.*

194. **Devaraine** (Gabriel), gr. par (*Robert*) *Daudet*.
Très rare.

195. (**Noyel de la Noerie**), d'après *Eisen.* — 2 variantes.

196. **Ruffier** (Claude), questeur à Lyon ; in-4. (*XVIIe siècle.*)
Belle composition. — Epreuve raccommodée.

197. **Souchay**, à Lyon, gr. par *Choffard*, d'après *Monnet*, en 1776 ; in 8.
Belle pièce ; rare.

198. **Boveron** (P.). — de MONTROUGE DE LA POMMIÈRE, lieutenant criminel de Forez (tirage moderne). — Copie en contre-partie de l'ex-libris de SOUCHAY, par J.-J. de Boissieu, signée *Copia sc.* 1785, (épreuve avant les armoiries). — Ensemble 3 pièces.

199. **Constant** (J.-B.). — François DESCHAMPS, 1747 ; in-8. — Lambert-Claude DUGAD. — SAUZEY, avocat. — Ensemble 4 pièces.

200. **Courbon-Desgaux** ; 1690 (étiquette). — DELAFONT D'AUBONNE. — DESFOURS. — André-Julien RIGOD. — Ensemble 4 pièces.

201. **Dissard** (étiquette). — MEY DE CHALES, par *Mandonnet.* — MOREL D'EPEISSES ; 2 pièces, dont une in-4 en tirage moderne. — TERRAY (étiquette). — Ensemble 5 pièces.

202. **Gattel** (C.-M.), par *Marchand.* — Jos.-Etienne ESTIVAL. — MOREL D'EPEISSES. — SAUZEY, avocat. — (THOMÉ DE FERRIÈRES). — P. BOVERON. — Ensemble 6 pièces.

NORMANDIE

203. (**Bec-Hellouin** ?), abbaye de l'ordre de Saint-Benoît, diocèse d'Evreux ; in-8. (*XVIIe siècle.*)
Rare.

204. **Gallois de Maquerville** ; 2 variantes. — Le Président GALLOIS, par *Nicole*, à Nancy, 1763. — Ensemble 3 pièces.

205. **Lamberville** (Rodolphe de) ; in-8.

206. (**Le Conte de Nonant**, marquis de Raray).
Jolie pièce.

207. **Maneval** (Louis de), conseiller au Parlement de Normandie, par *C. M.* ; in-8 (*XVIIe siècle*).
Jolie pièce.

208. **Marescot**, chanoine à Rouen, par *Duplessis*. — Nic.-Fr. Marescot de Lisores. — Ensemble 2 pièces.

209. **Maulnorry**. (*XVIIe siècle.*)

210. **Toustain** (le Vicomte de), par *Ollivault*.

211. (**Ballière**). — Herambourg. — (Le Sens de Folleville). — Perchet. — Quillebeuf de Béthencourt. — Ensemble 5 pièces gr. par *Gouël*.

212. (**Beaudoin du Basset**). — Midy ; 3 variantes, dont une par *Gouël*. — J.-B. Pinel. — Maison Saint-Antoine de Rouen. — Ensemble 6 pièces.

213. **Bellosanne** (Notre-Dame de). — (Benard). — de Bosc ; in-8. — L. Du Four ; in-8. — Romé de Vernouiller. — Ensemble 5 pièces.

214. (**Bigot**, accolé de Du Hamel). — (Du Quesnoy). — J.-J. Guyot, par *Decaché*. — La Luzerne. — (de Milleville). — de Soquence. — Ensemble 6 pièces.

215. **Chevalier d'Enfrenel**. — (Jubert de Bouville). — T.-G. Lucas, chanoine à Rouen.— Lucas de Saint-Ouen, conseiller au Parlement de Rouen.— des Mares de Trébons.— Ensemble 5 pièces, toutes du même dessin et probablement du même graveur.

216. **Du Douët** (Philippe) ; 2 pièces, dont une étiquette. — (Onfroy de Verez) ; 2 variantes (*XVIIe siècle*). — Monogramme J. C. M., gr. par *F. Perry*. — Ensemble 5 pièces.

ORLÉANAIS

217. (**Essarts de Lignières**) (des) ; in-8.

218. **Talon** (Ant.-Omer), (avocat au Châtelet, député au bailliage de Chartres). — 2 variantes.

219. **Charron** (Pierre). — Lambert, gr. par *Pierre-Quentin Chedel*. — (Le Pellerin de Gauville). — (Pajon). — Oratoriens de Vendôme (étiquette). — Ensemble 5 pièces.

PARIS ET ILE-DE-FRANCE

220. **Lacour** (Michel de) ; in-12 en largeur (anonyme) et in-8, par *P. R. F.* 1727. — Ensemble 2 pièces.

221. **Lalive d'Epinay.**
Très jolie pièce.

222. (**Rouillé du Coudray**) ; in-12, par *P.-F. Tardieu* et in-4, gr. par *Jeanjean.* — Ensemble 2 pièces.

223. **Balsa de Firmy.** — J.-B. Buffault. — (Fougeroux d'Angerville), *XVIIe siècle.* — Neret. — P.-S. Vallon. — Ensemble 5 pièces.

224. **Barré** (Joseph); 1747. — Corbet, architecte de la ville de Paris. — Gallois, Seigr de Belleville, gr. par *Branche.* — (Helvétius). — Le Vacher du Plessis. — de Randon (d'Hannecourt). — Ensemble 6 pièces.

225. **Belin de Ballu.** — (Bouvard de Fourqueux). — Hervé, avocat. — Janinet. — J.-Ph. Jannet. — Michel de La Jonchère ; 2 variantes. — (Lebrun). — Marillier. — Martinet. — S. de Sacy). — Bibliothèque de la Sorbonne. — Académie de peinture. — Corporation des Orfèvres de Paris. — Ensemble 14 pièces, dont cinq étiquettes.

226. **Cohen.** — Heurtier. — Langlois, citoyen de Lutèce. — de La Rive. — Librairie du Parnasse. — Pihan de la Forest. — César Ribier. — Bart.-Gabriel Rolland, par *Stallin*, 1750. — Ensemble 8 pièces, dont trois étiquettes.

227. **Jullien**, procureur général des eaux et forêts. — Le comte de Monthiers (état avec la devise, rare). — (Noblet de Romery), attribué à *Séb. Le Clerc.* — Ensemble 3 pièces.

PROVENCE

228. **Agnellier** ; 2 variantes. — (Brancas de Lauraguais). — Brancas de Villeneuve. — (Jarente de la Bruyère). — Jean de Hauteterre (étiquette). — Théodore Pagan. — Ant.-Louis Tellus, gr. par *Veyrier*, en 1760 ; in-8. — (Vachier ?). — Ensemble 9 pièces.

229. (**Beausset de Roquefort**), épreuve fortement restaurée. — Marquis de Belsunce. — (Marmet de Vaumale). — (del Puech de Comeiras). — Le chevalier de Villages. — Ensemble 5 pièces.

230. (**Cabanes**) (le marquis de). — (Marquis de Lieuron). — (de Massilian), gr. par (*Michel*). — Ensemble 3 pièces.

231. (**Foresta**) (Ange de). — (Gratet du Bouchage). — (Naquet). — Rians; 1738. — (Riquetti de Mirabeau). — (Simon-Dorel). — Ensemble 6 pièces.

232. **Tulle** (François-Marie de), par *Michel*.

Charmante et très rare pièce.

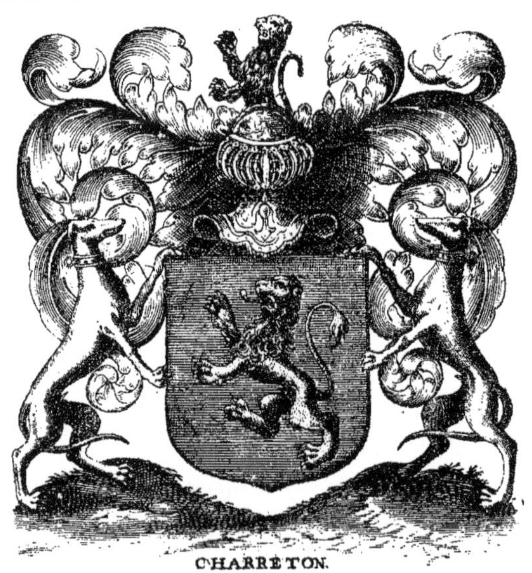

N° 6 du Catalogue.

N° 1183-IX

Tours, imp. Tourangelle, 20-22, rue de la Préfecture.

Tours, Imp. Tourangelle, 20-22, rue de la Préfecture.

www.ingramcontent.com/pod-product-compliance
Ingram Content Group UK Ltd.
Pitfield, Milton Keynes, MK11 3LW, UK
UKHW020529180726
13839UKWH00005B/2407